AF360335

Éclaircissemens
sur le Magnétisme

sur le Magnétisme

ÉCLAIRCISSEMENS

SUR

LE MAGNÉTISME ANIMAL.

A LONDRES.

1784.

ECLAIRCISSEMENS

SUR

LE MAGNÉTISME ANIMAL.

Tandis que Paris, occupé du *Magnétisme animal*, cherche à deviner la cause de ce phénomène vrai ou fuppofé, & que chacun en parle fuivant fa maniere de l'envifager, je crois pouvoir publier ma façon de penfer : fi je me trompe, ce fera une erreur de plus à ajouter à tant d'autres que l'on a débité jufqu'à préfent fur ce fujet : fi ce que je vais en dire peut ramener le calme dans les efprits, & faire difcuter plus tranquillement cette queftion, j'aurai rendu un véritable fervice à mes concitoyens, & mon temps ne fera pas tout-à-fait perdu.

A 2

En annonçant des éclaircissemens fur le *Magnétifme animal*, mes Lecteurs ne s'attendent pas à la publication du fecret de Mefmer. S'il avoit pu me le confier ou me le laiffer entrevoir, la délicateffe & l'honneur m'euffent impofé le plus profond filence. Mais tant de perfonnes ont affifté à fes leçons, tant d'autres ont divulgué les effets de ce *Magnétifme*, qu'à travers les verfions différentes & les phénomènes divers, j'ai cru pouvoir propofer quelques conjectures.

Depuis long-temps les Phyficiens ont reconnu l'exiftance de deux fluides particuliers répandus dans la maffe générale de celui qui conftitue effentiellement notre atmofphère : l'un eft l'électrique & l'autre le magnétique. Leur rapport & leurs oppofitions preffenties par plufieurs Savans, ont été mieux déterminés en dernier lieu par MM. de Sauffure & Carra, dans le *n° 12. an. 1784.* du *Journ. de Paris*; il eft également démontré que le fluide électrique pénetre le corps animal, qu'il le parcourt dans toutes fes parties, qu'il en excite les mouvemens, qu'il provoque des évacuations, & que suivant qu'on l'emploie plus ou moins fortement, & d'une maniere positive ou négative, il produit des effets bons ou mauvais. Un autre fait non moins constaté, c'est l'impression que l'aimant naturel ou l'artificiel fait sur les nerfs, & le sentiment de froid & de chaud qu'il excite, soit en appaisant, soit en augmentant certaines douleurs, comme l'ont démontré plusieurs Médecins & Physiciens, notamment M. l'abbé le Noble, dans un ouvrage qui a mérité l'approbation des gens de l'Art. Ainsi pour peu qu'on réfléchisse aux sensations éprouvées par les malades & par les personnes en santé que Mesmer ou d'autres ont magnétisé, sensations qu'il seroit difficile de révoquer en doute, on conviendra que la découverte du *Magnétisme animal* n'est point dans la classe des choses absurdes.

Descartes avoit imaginé les tourbillons & Newton établit l'attraction, pour expliquer comment les corps, entraînés les uns vers les autres, en étoient sans cesse attirés. Les Chymistes ont employé depuis le mot d'affinité pour se rendre raison du

rapport que les fubftances diverfes ont entr'elles ; chacun connoît les opérations de
l'affinage & du départ ; tout le monde
fait encore comment un alkali & un acide
s'uniffent enfemble, & avec quel difcerne-
ment, s'il eft permis de s'exprimer ainfi, un
fel acide ou alkali quitte fa bafe pour s'unir
à un autre qui lui eft plus *affine*.

Il y a véritablement des fympathies
& des antipathies, des averfions & des
penchans qu'il feroit difficile d'expliquer.
Sans doute c'eft par l'égarement de la raifon
que fouvent l'homme donne dans ces excès ;
mais les animaux y font fujets ; d'ailleurs la
raifon ne fe perd ainfi que par l'erreur des
fens, & fi les fens font trompés, c'eft par
les objets extérieurs. Il faut donc croire à
une impreffion externe & corpufculaire ,
ce qui équivaut au magnétifme à certains
égards. On peut voir fur ce fujet les faits
& les conjectures du Chevalier Grignon,
inférés dans le *Journal de Paris*, n° *37. an.
1784.* Peut-être eft-ce à de pareilles fenfations qu'eft due l'hydrofcopie, dont Aimar,
Parengue & Bleton ont furement exagéré

les effets, mais à laquelle il semble qu'on a oppofé une incrédulité trop-repouffante : Voyez les *Mémoires de M. Thouvenel, Journal de Paris, n° 14. an. 1784.* Un fait qu'on ne fauroit révoquer en doute, c'eft la commotion qu'éprouvent ceux qui touchent l'eau dans laquelle nage la torpille, & la dépreffion naturelle, on diroit volontiers le recul des feuilles de la fenfitive, lorfqu'on en approche le doigt.

A la vérité, la prévention, la fuperftition, & l'enthoufiafme, peuvent opérer fur l'efprit & fur le corps des révolutions étonnantes : on fe reffouvient encore de ce qui s'eft paffé au commencement du fiecle dans un des fauxbourgs de Paris, devenu fi fameux par les chofes extraordinaires qui s'y opéroient ; & comment un fimple mur, élevé par ordre du Gouvernement, fit ceffer ces fcènes jufques alors très-impofantes. Plus récemment on a vu dans Paris un Etranger, logé dans la rue des Moineaux, guérir toutes fortes de maladies avec des paroles & des fignes. Le peuple, & même des perfonnes diftinguées, s'affembloient tous les jours autour de lui, avec une affluence qui fixa l'attention de la Police; l'aventurier difparut une nuit fans laiffer aucune trace de fes prodiges.

Il n'eft en effet aucun Charlatan, qui, avec fa poudre, fon élixir, fon baume, & fur-tout des propos, de l'affurance & du maintien, n'en impofe pendant quelque temps à des malades foibles, au point de charmer leur ennui ou leur douleur, & de leur perfuader qu'ils font véritablement guéris. Les femmes, fur-tout à raifon de l'extrême mobilité de leurs fibres, & de la foibleffe de leur caractère, éprouvent plutôt les effets merveilleux de ces admirables recettes; elles écoutent avec attention tout ce qui porte un caractère de fingularité; & leur crédulité ajoutant à cette premiere impreffion, leur perfuade aifément une guérifon qu'elles défirent. Voilà pourquoi on les voit fe livrer fans mefure à toutes les nouveautés, fe paffionner fi fort pour elles, en devenir les apôtres, & trop fouvent auffi les martyrs.

Malgré cela, les motifs que j'ai expofés femblent devoir l'emporter : trop de perfonnes fortes & peu crédules, ont éprouvé des mouvemens & des révolutions extraordinaires en fe faifant magnétifer, pour rejetter abfolument l'exiftance de cet Agent, confirmée d'ailleurs par les expériences d'Alfort & d'Amiens. Voyez les *n*[os] *14, 19. an. 1784. du Journal de Paris.* Il s'agit feulement d'examiner jufqu'à quel point le *Magnétifme* agit fur notre corps, s'il eft quelqu'organe particulier qui foit plus fufceptible de fes impreffions, fi véritablement il peut influer fur nos fonctions ; de favoir enfin s'il peut être d'une grande utilité dans la guérifon des maladies. Pour cet effet, rappellons ici quelques principes de Médecine, qui, de l'aveu de Mefmer, font effentiels à la connoiffance de fon Agent.

Notre corps eft compofé de folides & de fluides diftincts entr'eux par la confiftance, la forme, la contexture, la couleur. Toutes les parties réfultantes de cet affemblage, font étroitement liées entreelles par un organe général, dont le tiffu forme un reſeau de cellules qui communiquent les unes avec les autres ; c'eſt pour cela qu'on lui a donné le nom de cellulaire. Comme ce tiſſu eſt toujours plus ou moins plein de graiſſe ſtagnante, on en a conclu que ſa principale & unique fonction étoit de recevoir cette graiſſe en dépôt, pour la rendre aux vaiſſeaux qui l'y avoient conduite, quand de longues abſtinences, des fièvres & d'autres cas particuliers de déperdition, la rendroient néceſſaire à la ſubſtentation du corps & à la réparation des organes. Quoiqu'il ne s'éleve aucun doute ſur ce premier emploi, néanmoins il eſt difficile de préſumer qu'un tiſſu ſi généralement répandu , puiſqu'il enveloppe ſeul toutes les parties du corps en général , & qu'il les pourſuit juſqu'à la plus petite fibre , ſoit un être inactif, ſans force , ſans vigueur, uniquement deſtiné à la fonction de ſimple réſervoir.

Les Médecins grecs qui obſervoient pour le moins auſſi bien que nous , ſemblent lui avoir reconnu une activité bien marquée par cela même , qu'ils ont beaucoup inſiſté ſur la doctrine des fluxions. En effet, il étoit impoſſible de ne pas chercher dans le tiſſu cellulaire qui tapiſſe l'intérieur du nez, de la gorge & des bronches, connu ſous le nom de membrane pituitaire, le moyen de communication ſi prompt & ſi rapide, qui fait qu'en moins d'un quart-d'heure une fluxion paſſe du nez à la gorge, de la gorge à la poitrine, pour revenir preſqu'auſſitôt à ſon premier foyer. Toutes les fluxions du reſte du corps s'expliquoient de même, parce que par-tout on rencontre une ſuite de cellules du même tiſſu, qui rentrant les unes dans les autres, atteſtent à des yeux plus obſervateurs que ſyſtématiques, une route ſûre & directe, bien plus naturelle & plus courte que celle que les partiſans de la circulation ont imaginé depuis. C'eſt vraiſemblablement à l'inertie apparente de cet organe qu'eſt dû l'eſpèce d'abandon dans lequel on l'a laiſſé, pour ſe rejetter ſur les tuyaux capillaires, faire abſorber les humeurs, les ramener ainſi des vaiſſeaux lymphatiques dans les ſanguins, de-là les conduire par la circulation vers d'autres parties, & les y faire féparer par l'inverfe de ce méchanifme. Tous les calculs de Keil , de Dodart , de Pitcarn , de Sauvages , &c. n'ont pu fauver les difficultés énormes oppofées à ce fyftême ; la circulation fe fait rarement d'une manière uniforme ; la dilatation des artères & des veines, eft prefque toujours inégale ; foumifes aux viciffitudes de la fibre en général , leurs tuniques font irritables & contractibles : conféquemment lorfque la diftribution du principe moteur eft troublée , elles peuvent fe refferrer plus ou moins , diminuer ou augmenter rapidement leur diametre , & donner lieu à des variations du pouls très-fréquentes, telles qu'on les éprouve dans les grandes affections; & dès-lors s'écroulent tous les raifonnemens établis fur une bafe auffi incertaine.

Delà vient que de grands Médecins de ce fiecle ont porté de nouveau leur attention fur l'organe ou tiffu cellulaire, fans dire à la vérité qu'il eut une action bien marquée, mais en fe rendant compte par ce moyen de certains déplacemens d'humeur, inexplicables d'aucune autre manière , & regrettant de ne pas trouver un moteur auquel ils puſſent attribuer les oſcillations qu'ils deſiroient accorder aux lames de ce tiſſu. Bordeu profitant de ces obſervations préliminaires, & ſur-tout d'un ouvrage de ſon parent Lacaſe, qui avoit pour titre *Specimen novi Medicinæ conſpeƈus*, donna plus d'étendue à cet apperçu : d'abord, en démontrant l'énergie particuliere de chaque organe indépendante de celle du corps en général, il éloigna de l'explication des fonƈions des glandes & des viſceres, ces compreſſions méchaniques que l'ignorance de la poſition des parties avoit fait adopter même dans les meilleurs ouvrages. Il reconnut enſuite un principe de ſenſibilité tout-à-fait inhérent à la fibre, & diſtinƈt des facultés de l'ame, tel, en un mot, que l'indiquoient d'une autre part, & ſous un autre nom, MM. Lamure, & Haller, dans leurs expériences ſur l'irritabilité de la fibre, même après la mort de l'animal. Telle fut encore l'opinion de Roger de Strasbourg, mon ami & mon condiſciple à l'école de Montpellier, dans ſa diſſertation, *De vi ſoni & muſices, in corpus humanum,*

(*du pouvoir du fon & de la mufique fur le corps humain.*) Il prétendoit, d'après des expériences bien faites & des autorités bien préfentées, que la fibre animale étoit toujours en mouvement par une vibration continue.

Quoique ces Phyficiens fe bornaffent à préfumer l'exiftence d'un moteur indépendant de la volonté, & préfidant matériellement aux fonctions générales & particulieres de la machine, ils n'en faifoient pas moins une application très-judicieufe à fes fonctions, tant dans l'état de fanté que dans celui de maladie. Déjà la brillante théorie du feu imaginée par Boerrhave difparoiffoit, devant les excellentes raifons du profeffeur Venel, du moins quant à la chaleur animale. Voyez l'*Encyclopédie.*

Ce dernier admettoit un principe particulier & phlogiftique dans la partie huileufe ou graiffeufe du fang, auquel il donnoit différens degrés d'activité indépendants de la collifion des parties, telle que Boerhave un peu trop Bellinien, l'avoit mife en jeu ; ainfi s'expliquoit d'une maniere plus naturelle, comment, fans le choc prétendu des glo-

bules rouges les uns contre les autres, les
malades pouvoient fentir les effets d'une
chaleur acre, lorfque le battement modéré
des artères ne permettoit de fuppofer qu'un
frottement encore plus modéré. De même
par le frémiffement du tiffu cellulaire, Bordeu, contemporain de Venel & fon ami,
fe rendoit raifon du friffon qui précède les
fievres & les affections catharrales ou fluxion-
naires, fans recourir à l'engorgement des
capillaires artériels. En effet un malade ne
feroit-il pas mort mille fois dans une fufpenfion de circulation auffi générale, avant
que les mouvemens du cœur redoublés, fi
toutefois ils avoient pu avoir lieu, euffent
furmonté cet obftacle immenfe.

Il reftoit pourtant encore à découvrir cet
agent, ce moteur fubtil & caché, fans lequel cette théorie fi féduifante laiffoit beaucoup à defirer. Il falloit néceffairement ad-
mettre des corpufcules actifs, dont le corps
fût continuellement impregné, & qui toujours plus ou moins en mouvement puffent,
par l'agacement des dernieres ramifications
des nerfs répandues dans le tiffu cellulaire, y

exciter un châtouillement, & une vibration continuelle marquée par le rapprochement & l'écartement alternatif de ses lames ou feuillets. Les premiers phénomènes de l'électricité ont fait naître l'espoir de rencontrer cet agent, sinon en tout, du moins en partie : le corps animal en est pour ainsi dire impregné ; l'homme sans s'en appercevoir tire presque dans tous les temps, mais sur-tout le soir & la nuit, des étincelles électriques de toutes les parties de son corps ; il en sort quelquefois de ses chemises quand il les quitte. Les animaux, les chats sur-tout, en fournissent en abondance en les frottant à contre poil ; la torpille déja citée ne doit les commotions vives qu'elle donne qu'à l'activité de ce même agent.

Il n'en faut pas douter, cette matiere, toujours plus ou moins en action dans le corps animal, & qui dirige nos mouvemens & nos sensations par le moyen des nerfs, doit nécessairement influer sur le tissu cellulaire & sur la graisse qu'il renferme. De cette donnée bien naturelle résulte une conjecture non moins admissible ; c'est que vraisemblablement,

femblablement, c'eft du choc de ces étincelles, dans leurs rencontres aux articulations
& aux autres points de contiguité de notre
machine que dépendent ces fubrefaults ,
ces fecouffes paffageres & imprévues, & la
laffitude qui en eft la fuite , à - peu - près
comme on l'éprouve dans les légeres commotions. La graiffe entaffée, & pour ainfi
dire matelaffée dans les lames du tiffu mu-
queux, ne fournit-elle pas un aliment de
plus à l'électricité? Et n'eft-il pas encore permis de croire que l'agitation & l'abondance
du fluide électrique eft une des principales
caufes de la chaleur animale, ou du moins
qu'elle y contribue beaucoup , quand on
s'apperçoit que le pouls des fujets électrifés
redouble de vîteffe, & que leur peau donne
une chaleur acre. Un célebre Académicien
de Dijon, & après lui, M. Quinquet, Apo-
thicaire à Paris, ont obfervé que l'électricité
en plus ou en moins liquefioit l'eau, ou la
condenfoit en givre, en grelon, en neige ,
&c. Les différens degrés de liquefaction &
d'épaiffiffement de la graiffe, & même de
nos fluides, fur-tout de ceux qui féjournent

B

dans les glandes & dans les autres organes
fecrétoires ne dépendroient-ils pas de la
même caufe? Ce fentiment de froid que l'on
éprouve fubitement tantôt fur une partie,
tantôt fur l'autre, & qui, accompagné d'un
frémiffement entre cuir & chair, indique fi
bien l'impreffion qui s'en fait fur le tiffu
cellulaire, peut-être encore les douleurs
rhumatifmales, & même les accès de goutte
viendroient-ils auffi, au moins en partie, du
même principe? Voilà fans doute pourquoi
dans un temps d'orage certaines douleurs fe
réveillent, pourquoi l'animal éprouve alors
des baillemens, du malaife, & quelquefois
même un petit friffon, qu'il devient lourd
& pefant, & qu'il fouffre dans tout le fyftême
nerveux, où réfide principalement le fluide
électrique.

Sans doute il en eft de même de l'aimant;
les friffonnemens, les ardeurs, la fufpenfion
ou l'augmentation des douleurs, & même
les évacuations que l'on a obtenu avec le
fluide qui s'en émane, démontrent que nous
en fommes pénétrés, & qu'il agit également
fur les feuillets du tiffu cellulaire; le moyen

que Mefmer s'attribue d'en augmenter la
maffe, & d'en accélérer les effets, paroît
confirmer cette vérité, fur-tout fi l'on fuppofe
que ce fluide s'émane fans ceffe par tous les
points de la furface de la terre, & dans tous
les fens, pour pénétrer tous les êtres qu'il
rencontre fuivant la même direction. Voyez
le Journal de Paris, n° 47. an. 1784. C'eft
à-peu-près le fyftême de Gauthier Dagoti fur
l'électricité. Suivant cet auteur, la matiere
électrique généralement répandue dans ce
vafte univers, excitée fans ceffe par la collifion de la furface de la terre, qu'il comparoit
au globe électrique, contre l'air ambiant
qu'il regardoit comme les mains ou le couf-
finet, pénetre tous les corps fublunaires,
& devient la caufe de leur développement
par fon mouvement centrifuge. L'une &
l'autre hypothèfe femblent fe réunir aujour-
d'hui pour expliquer le développement du
germe dans le fein de la mere, celui de l'en-
fant, dès qu'il a vu le jour jufqu'à l'âge de
puberté, ce brillant phénomene de la vie, &
tout ce qu'il produit d'étonnant dans l'accroiffement & la perfection des organes,

B 2

pour la reproduction de l'efpece jufques à
la décripitude. Ces grandes révolutions ne
font dues qu'à l'action intérieure d'une fubf-
tance quelconque active & pénétrante qui
s'agite, & fe dégage toujours avec un furcroît
d'activité, tant que la foupleffe de la fibre
fe prête aux impulfions qui la développent.
Mais cette matiere s'épuife enfuite, & devient inactive lorfque tout *l'humide radical* eft
confumé, à-peu-près comme le feu s'éteint,
lorfque le bois qui l'alimentoit eft réduit en
cendres. Auffi après ces périodes des différentes révolutions de la vie, voit-on le corps
qui jufques-là tendoit par fon accroiffement
à s'éloigner de la terre, retomber fur lui-
même, fe courber, s'affaifer enfin, & deffé-
ché de toutes parts, rentrer dans le néant
d'où ce principe actif l'avoit tiré. Cette loi
s'étend fur toutes les productions de la nature : les arbres fur-tout fuivent la même
marche, ils s'élancent avec luxe dans les
premiers momens de leur végétation, & fe
couronnent enfuite dans leur vielleffe (*a*).

____

(*a*) Il faut confulter les favans Ouvrages de **M.**
l'Abbé Bertholon, & fes expériences ingénieufes,

Quoiqu'il en foit, plus on s'affermit dans l'admiffion de ces *effluves*, plus on reconnoit qu'ils peuvent & doivent pénétrer le corps, l'exciter fans ceffe, l'animer pour ainfi dire, & le maintenir en fanté par l'uniformité de leurs courans, ou l'indifpofer & le rendre plus ou moins malade, lorfqu'ils le parcourent d'une maniere irréguliere & tumultueufe ; mais plus auffi il paroît difficile de fe rendre maître de leur direction, de mefurer leur activité, & de faire une jufte application de ces principes à la médecine préfervative & curative. Lorfqu'on excita pour la premiere fois l'électricité dans le corps humain, les Savans étonnés de fes effets, en conçurent la même efpérance que l'on a aujourd'hui du Magnétifme animal. Le temps a prouvé que le premier agent faiblement adminiftré n'opéroit aucun changement fenfible, qu'excité avec trop de force, il nuifoit prefque toujours, que modérément employé il réuffiffoit quelquefois, mais qu'en tout, ce moyen fi flatteur en apparence ne

---

pour fe convaincre de l'influence de l'électricité fur les animaux & fur les végétaux.

produifoit le plus fouvent que des demi-
guérifons fuivies de rechutes. La raifon de
cette incertitude vient de ce qu'il eft im-
poffible de bien dofer l'électrifation des malades, malgré tous les efforts qu'on a fait
de nos jours pour en perfectionner l'admi-
niftration, qu'à cet égard leur tempéram-
ment eft fouvent difficile à reconnoître & à
difpofer à l'effai, que les embarras divers con-
nus fous le nom d'obftructions, pouvant faire
changer de direction, & dirigeant en effet
diverfement, les courans électriques, laiffent
encore de l'incertitude fur la maniere d'en
charger une partie plus qu'une autre, d'en
tirer des étincelles plus ou moins fortes, ou
de donner des commotions plus ou moins
efficaces; qu'enfin on ne fait point encore
affez fur quelle partie il faut plus particulié-
rement appliquer l'action électrique; ce qui
fait craindre que ce phénomène qui nous a
tant éclairé fur la nature des météores, loin
d'être véritablement utile à la médecine,
comme on l'avoit efpéré, ne faffe qu'augmenter le défefpoir des malades & des Médecins.

N'en doutons pas ; il en fera de même
du fluide magnétique (1), invifible, impal-

---

(1) On peut ajouter que le magnétifme pro-
met moins de fuccès, puifque moins actif que l'é-
lectricité, il n'agit pas fur toutes les perfonnes,
& que même chez plufieurs il ne produit que des
impreffions bien médiocres, au lieu que l'électricité
remue, agite & fecoue également tous ceux qui s'y
expofent.

L'action du magnétifme ne doit peut-être les
grands effets qu'on lui attribue, qu'à l'efpece d'affo-
ciation myftérieufe que Mefmer a formé, & qui
reffemble à bien des égards à tout ce que la ma-
çonnerie, par fes myfteres & fes cérémonies, à
d'impofant pour ceux qui font nouvellement reçus ;
peut-être font-ils encore augmentés par le fon de
l'harmonica ? Admettons, comme la chofe eft vrai-
femblable, qu'en effet le tiffu cellulaire foit toujours
mis en activité par un fluide quelconque ; fuppo -
fons encore avec autant de probabilité, que par
cette caufe, ou telle autre, la fibre élémentaire
foit dans une vibration continuelle : l'effet d'un inftru-
ment dont les fons aigres & doux plaifent à la fois &
agacent les nerfs, fera d'exhalter l'imagination &
d'entraîner dans un abattement mélancolique. Cette
caufe d'enthoufiafme & d'affection nerveufe eft feule

pable, incoercible & difficile à diriger, variant dans fa marche, comme les tempéramens, & peut-être auffi à raifon de la température de l'atmofphere, & même de la difpofition du Phyficien qui le conduit, cet agent ne produira quelquefois pas d'effet, d'autre fois il excitera des crifes imparfaites , ou des mouvemens violens , prefque toujours les évacuations qui s'enfuivront feront indéterminées , fur-tout fi la mal-adreffe du Magnétifeur ou fon ignorance ajoutent à cette variation. Que fait-on encore , peut-être en donnant chaque jour une fecouffe plus ou moins forte aux nerfs, cette maniere d'exciter le corps attaquera-t-elle ces organes, ou pour en émouffer la fenfibilité, ou pour les en rendre plus fufceptibles, ou enfin pour en anéantir les fonctions ? C'eft auffi ce que l'expérience a démontré. Parmi les perfonnes qui fe font foumifes au magnétifme animal, le plus grand nombre n'avoit que d'affections légeres & nerveufes,

---

capable d'opérer toutes les révolutions que l'on attribue au magnétifme.

tenant plus au moral qu'au phyſique ; chez elles l'émotion la plus foible augmentée par l'enthouſiaſme a opéré des cures plutôt imaginaires que réelles : une autre claſſe de ſujets n'a pas éprouvé d'effet du magnétiſme ou ſi elle a cru en ſentir quelqu'un, bientôt le retour des maux a détruit cette illuſion : dans la troiſieme claſſe compoſée de malades graves , de véritables malades , il en eſt qui ont reſté privés d'un ou de pluſieurs ſens , d'autres qui en ſont morts : on rencontre peu de guériſons bien conſtatées, où elles ne ſont garanties que par des magnétiſiens : tout git dans des oui-dire, & ces prétendues guériſons n'ont juſqu'ici d'autres témoins que des perſonnes étrangeres à l'Art de guérir.

N'accuſons pourtant pas le Magnétiſme d'être la cauſe de la mort de tous les malades qui ont péri dans ſon adminiſtration , ou à ſa ſuite. Il en eſt qui étoient tellement déſeſpérés , qu'aucun remede n'eut pu les guérir ; diſons ſeulement que ces effets malheureux prouvent que l'art de Meſmer eſt quelquefois en défaut comme celui des autres Médecins , & que le défi qu'il portoit il y a un an ou deux à ceux de la faculté de guérir, comme lui, les maladies incurables , étoit au moins ridicule par fa jactance & fa fécurité.

En défignant , à raifon des plexus ner- veux, différens points dans le corps humain, & partant de ces points principaux pour diriger fon magnétifme , Mefmer ne me paroît point avoir affez faifi la conftruction de notre mécanifme. Sans doute il eft fon- dé à croire que toutes nos fenfations ont pour rendez-vous général le creux de l'ef- tomac, derriere lequel tous les nerfs vien- nent fe réunir; c'eft ce point d'appui du dia- phragme, appellé centre phrénique , qui , dans tous les temps , a fixé l'attention des Médecins obfervateurs , & notamment de Vanhelmont , fi célebre par fon *archée*. Un rapport immédiat de cette partie au cœur juftifie encore la direction que Mef- mer donne à fes doigts de ce premier pole vers cette partie : mais il ne paroît pas avoir fait affez attention à la divifion cruciale du corps humain, & aux fousdiviſions de cette admirable machine : il n'a pas non plus aſſez réfléchi ſur le rapport général de toutes les parties par les nerfs & par l'organe cellulaire ; chaque capacité, chaque viſcere, chaque glande même a ſon département & ſon atmoſphere d'activité dans leſquels elle opére l'œuvre impénétrable de la ſecrétion des humeurs. Il n'en faut pas douter, toutes ces diviſions & ces ſous-diviſions d'organes & de départemens, & même les ganglions particuliers répandus dans le trajet des nerfs, font autant d'obſtacles à la direction du fluide magnétique, capables d'en retarder le développement, & de rendre infructueuſe & illuſoire l'application que l'on voudroit en faire à la pratique de la médecine. Delà ſans doute cette irrégularité de phénomenes qui accompagne & qui ſuit ſi ſouvent les magnétiſations ; ces évacuations inattendues, ces douleurs même & ces affections de nerfs qui ſont capables d'entraîner de grands accidens, toutes les fois que renforçant l'agent magnétique, on agitera chaque jour ce fluide ſans meſure dans

un corps languiſſant, chez lequel des obf-
tru&ions fortes & profondes rendront les
courans plus difficiles & les chocs plus fré-
quens.

Un autre obſtacle à la dire&ion du magnétiſme, c'eſt la circulation du ſang. Rien
n'eſt plus facile à irriter que les organes de
la vie : rien de plus difficile à appaiſer. Le
plus leger pincement des membranes occa-
ſionne quelquefois des mouvemens ſpaſmo-
diques violens, & l'expérience a juſtifié que
les mouvemens convulſifs excités par certains miaſmes ſont ſouvent très-difficiles à
détruire. Delà vient ſans doute que Galien
étendant ces réflexions ſur les médicamens
mêmes, avertiſſoit les Médecins de ſon temps
d'être prudens dans leur adminiſtration, parce
que les remedes n'étoient véritablement en
leur pouvoir qu'au moment où ils alloient
les adminiſtrer.

Réſumons de ces réflexions ſur la médecine corpuſculaire, que s'il eſt vrai que
quelquefois des émanations plus ou moins
a&ives puiſſent influer ſur nos ſens, l'irrégularité de cette influence, la variété de

l'impreſſion, qu'elle doit faire à raiſon des individus , la difficulté de la ſoumettre exactement à nos recherches, & d'en meſurer l'activité, toutes ces cauſes, dis-je, en rendent l'uſage incertain , illuſoire & même dangereux. Ainſi s'expliquent bien naturellement cette contrariété d'opinions & ces paſſions diverſes qui partagent Paris depuis long-temps avec une ſorte d'acharnement ſur toutes ces queſtions. On a vu depuis long-temps des Phyſiciens & des Médecins accorder de grands effets à l'électricité , & d'autres lui refuſer les plus petites guériſons: à diverſes repriſes la croyance à l'hydroſcopie s'eſt renouvellée , & avec elle ont reparu les contradictions qui l'ont toujours pourſuivie; de même le magnétiſme animal à ſes partiſans & ſes détracteurs , parce que les premiers phénomenes obtenus par cet agent, quoiqu'inconteſtables, n'ont pas aſſez de ſuite , aſſez de conſiſtance pour établir une théorie ſolide & un plan de guériſon aſſuré. Ceux qui ne veulent que des faits non-ſeulement certains, mais ſuivis & multipliés ont dédaigné les promeſſes faſ-

tueufes des Mefmériens avec la même chaleur que ces derniers les avoient annonées.
Malheureufement il eft bien des chofes dans
la phyfique que nous ne pouvons qu'entrevoir : un fimple rayon de lumiere ne fuffit
pas pour transformer en découvertes folides
& utiles, ce qui n'eft fouvent qu'un très-foi-
ble apperçu.

Après avoir donné au magnétifme tout
ce qu'il étoit poffible de lui accorder d'influence fur les fonctions de l'économie animale & prouvé en même-temps combien
peu on devoit en efpérer pour la guérifon
des maladies, jettons un coup d'œil fur la
maniere dont cette découverte s'eft annon-
cée, & a eu des fectateurs. Ces confidérations morales aifément applicables aux autres remedes fecrets qui entraînent prefque
toujours les habitans des grandes Villes,
acheveront de juftifier ma façon de penfer
fur le nouvel agent.

L'Auteur de cette découverte a long-
temps exercé fon talent à Vienne parmi des
Savans auffi éclairés que ceux de Paris,
& en préfence de Médecins qui le difpu-

tent à ceux de France par leur science
& leur humanité. Il a dû trouver dans cette
Capitale de l'Autriche des maladies auſſi graves qu'à Paris , & des ſujets dégoûtés des
drogues & fatigués par la médecine ordi-
naire , autant que peuvent l'être ceux qu'il
endoctrine aujourd'hui. L'amour du grand
œuvre & des ſciences occultes a même dû
lui attirer les regards & la confiance des
perſonnes opulentes de ſa patrie, qui ſans
ôter rien à la généroſité des Français, auroient pu récompenſer auſſi avantageuſe-
ment ſa découverte. Cependant après un
eſpace aſſez long, pendant lequel l'enthouſiaſme & la critique s'exerçoient tour à tour
ſur les travaux de Meſmer & ſur ſa per-
ſonne, il a quitté Vienne ſans laiſſer après
lui aucune cure remarquable, n'ayant produit que des effets incertains ſur des têtes
exhaltées. Si l'on veut ſe rappeller encore
que lent dans ſa marche, lors des premiers
eſſais à Vienne, le *Magnétiſme animal* y a fait
enſuite beaucoup de ſenſation ; mais que le
réſultat de cet accroiſſement de merveilles,
a été de faire chercher à Meſmer ſucceſſi-

vement d'autres théatres pour y reproduire ses prétendues cures; on sera étonné qu'avec un agent aussi commode, aussi sûr, aussi peu coûteux, aussi efficace, quelques tracasseries que la jalousie ait pu susciter à son inventeur, il n'ait pas obtenu un triomphe complet.

On se demandera encore comment avec des moyens si certains de guérison, Mesmer a pu attirer chez lui cette foule de personnes attaquées de maux de nerfs, qu'on peut appeller les trompettes des Charlatans, & sur le témoignage desquels on doit si peu compter; sur-tout cette foule d'oisifs demi-Physiciens qui raisonnant à tort & à travers sur la science dont à peine ils ont effleuré les principes, vont dans tous les cercles, louer à outrances la nouveauté du jour, jusqu'à ce que leur enthousiasme épuisé, se réveille une autre fois pour un nouveau phénomène ? Comment au lieu de se plaindre à toute la terre de prétendues persécutions, & de finir par vendre son secret à des Abonnés, il n'a pas plutôt repoussé l'envie par des cures évidentes & multipliées, puisqu'avec un signe ou deux, il pouvoit chasser les maladies les

plus

plus obſtinées ? Meſmer n'a-t-il pas craint par cet abonnement d'être comparé aux Alchymiſtes qui, avec leur prétendue facilité de faire de l'or, promettent toujours infiniment, coûtent fort cher à ceux qu'ils trompent & finiſſent par ne rien tenir de ce qu'ils ont promis ?

Il faudra donc convenir que l'agent que Meſmer emploie a pu l'égarer. Séduit par ſa découverte ou par celle d'autrui, car on la lui diſpute, ſa tête s'eſt montée, il a cru, comme il l'a dit, s'être rendu le maître d'un fluide univerſel qui lioit tous les êtres du monde, & partant de cette idée au moins giganteſque, il en a involontairement exagéré les effets. Enſuite pouſſé par les applaudiſſemens de tous ces êtres déſœuvrés qui ne demandent que des miracles & une ſecte, & qui s'attachent toujours aux gens à ſecret, il a été entraîné malgré lui dans cette erreur, & plus encore en France, où le goût pour le Charlataniſme eſt aujourd'hui ſi dominant.

Après cela on n'eſt plus étonné de voir ſes partiſans ſe déchaîner avec une ſorte de

fureur contre ceux qui ne croient pas à leur
prodiges, & fur-tout contre les vrais Médecins qui, fans s'oppofer aux premiers effais
du *Magnétifme*, n'ont jamais voulu faire
des démarches qui auroient pu entraîner la
confiance publique vers des nouveautés
dont ils ne pouvoient répondre. C'eft pré-
cifément contre ceux-là que la fureur des
Magnéticiens s'eft exercée. On les a accufés
de tenir obftinément à de vieux principes
par une opiniâtreté aveugle, intéreffée. M.
Court de Gebelin, expirant pour ainfi dire
aux bords du baquet magnétique, lançoit
contr'eux des anathêmes, d'autres les pro-
voquoient par des farcafmes, & néanmoins,
à l'exemple de Mefmer, ils les appelloient
dans des maladies férieufes. A-t-on befoin
de ces reffources quand avec un agent fûr
on peut aifément ramener tous les efprits ?
Jupiter fe fache, il a tort.

Une inconféquence trop frappante, c'eft
celle d'un Religieux, nommé Hervié, qui,
comme un autre Bernard, prêchant à Paris
& dans la Province fa nouvelle croifade
contre les auteurs qui ne croyent pas à

Mefmer, fe confeffoit publiquement dans une longue lettre, d'avoir été lui-même quelque temps incrédule. Mais fi cette évidence qui enfin a éclairé l'Apôtre du magnétifme, n'a pas brillé tout de fuite à fes yeux, pourquoi fait-il un crime de douter à ceux à qui elle ne s'eft point encore manifeftée ? Pourquoi fur-tout reproche-t-il aux Médecins la fage lenteur qu'ils oppofent à l'impétuofité dangereufe de l'enthoufiafme & de la paffion ? Il ne peut réfulter aucun mal de cette maniere d'agir réfléchie ; tôt ou tard la bonté d'un remede perce à travers les obftacles qu'on lui oppofe. Mais que d'inconvéniens ne réfultent-ils pas de la trop grande facilité avec laquelle on adopte un prétendu fpécifique, ou quelqu'autre nouveauté femblable? Les Médecins ne doivent pas fuivre ce dangereux exemple ; établis pour veiller à la fanté publique, ils ne peuvent rien donner aux égards, ni aux confidérations, la confervation des Citoyens fans ceffe préfente à leurs yeux, leur impofe ce rigoureux devoir. Eh, que deviendroient les malades fans cette attention de leur part? N'eft-ce

point aſſez des entrepriſes des charlatans
contre l'autorité même qui les condamne,
des ſurpriſes qu'ils font aux hommes, & des
accidens auxquels ils donnent lieu tous les
jours par l'adminiſtration clandeſtine de leurs
remedes, ſans laiſſer encore ces eſpeces de
vampires, faire des dupes, & s'abbreuver du
ſang des Citoyens.

www.ingramcontent.com/pod-product-compliance
Lightning Source LLC
LaVergne TN
LVHW020008180726
843503LV00008B/3860